# Lorna Santín H.

# Cómo educar a sus hijos para la libertad

**SELECTOR**
*actualidad editorial*

Doctor Erazo 120 Colonia Doctores México 06720, D.F.
Tel. 55 88 72 72 Fax. 57 61 57 16

CÓMO EDUCAR A SUS HIJOS PARA LA LIBERTAD
Autora: *Lorna Santin H.*
Ilustración de interiores: Humberto Hernández Blancas
Diseño de portada: Mónica Jacome



ISBN: 970-643-694-4

Primera edición: septiembre de 2003

Sistema de clasificación Melvil Dewey

173
S19
2003

Santin Hodges, Lorna; 1952.
*Cómo educar a sus hijos para la libertad* / Lorna Santin Hodges,
Cd. De México, México: Selector, 2003.
128 p.

ISBN: 970-643-694-4

1. Filosofía. 2. Ética.

# Contenido

# Prólogo

## Cómo entender la libertad

El tema de la libertad ha sido abordado en múltiples ocasiones y desde ópticas diferentes.

En algunos momentos de la historia de la psicología se dudó que dicha condición fuera una realidad para el hombre. Así lo señalaban los trabajos de Skinner, quien afirmaba que las personas son víctimas de los eventos exteriores y fácilmente manipulables mediante recompensas y castigos.

Plantear la libertad como un hecho real despierta sospechas. ¿Cómo hablar de libertad cuando debemos ajustarnos a infinidad de situaciones que no elegimos?

Y entonces nos encontramos con las palabras reconfortantes de hombres de la talla de Víctor Frankl, quien asegura que nadie puede privarnos de la libertad para dar sentido a los acontecimientos que nos toca en suerte vivir.

¿Para qué vives?, ¿cuál es el sentido que le estás dando a tu vida?, ¿qué es realmente significativo en tu cotidianidad? Y ¿qué rol desempeña la libertad en todo esto?

Libre es quien hace adecuado uso de su autonomía. Libre es quien se desprende de la ignorancia. Libre es quien obtiene placer brindando el bien.

Existe recelo ante los valores absolutos. La gente teme las actitudes dictatoriales. ¿Cómo educar a las nuevas generaciones?

El secreto radica en ejercitar la razón y la voluntad. Es éste el único camino seguro para formar personas felices, responsables, sensibles ante las necesidades de los demás.

Es labor del educador favorecer la reflexión que dé paso a la sabiduría, ejercitar la voluntad que se transforme en poder, conmover al corazón para que encuentre en el amor su principal motivador.

Amor, poder, sabiduría... ¿qué más podemos desear para nuestras nuevas generaciones?

# *Montando el escenario*

—¡Bah! La libertad no existe. Eso cualquiera lo sabe. Es una faramalla, un invento... sí, un invento que alguien creó tan sólo para manipularnos. Nos quieren vender la idea de que somos responsables de nuestro destino, y todo para hacernos sentir culpables y obtener algo a cambio —dijo la chica.

—Te felicito, Nelly. Cómo se nota que eres analítica hasta la médula. Ojalá hubiera más jóvenes como tú. Dichoso aquel que cuente con tu amistad —respondió con amabilidad el maestro Alfonso, sin inmutarse ante la saña del agresivo comentario.

La muchacha se quedó de a seis. Si lo que ella buscaba era polémica, pleito, antagonismo... En eso eran expertos los chicos de la prepa. Lo hacían todo el tiempo, ¡para perder clases! Pues claro, de eso se trataba.

Pero con la respuesta del profesor de lógica, las negras intenciones de Nelly desaparecieron por completo. Ya no tuvo ganas de pelear. Se quedó en silencio, hurgando en su interior. ¿De modo que el maestro la consideraba una persona cuya amistad era algo valioso?

¡Qué bien le cayó aquel comentario a Nelly! Y es que en casa, ella no era muy bienvenida. Más bien era el negrito del arroz, la oveja descarriada. Así era como la llamaba su padre.

Ella pensaba que no era culpable de ser medio rebelde. Así era su naturaleza. Actuaba como por impulso. Rebelarse y protestar era algo que no podía evitar. Quedarse callada era como morirse. ¡Y eso sí que no! ¡Aunque a los demás no les gustara lo que dijera!

—¿A qué te refieres con eso de que no somos libres? —preguntó el profesor.

Nicolás, el compañero de banca de Nelly, tuvo que sacudirle un hombro para que volviera a la realidad. La joven estaba absorta en sus pensamientos.

—¿Cómo dijo? —preguntó la chica.

—Cuando dices que no somos libres, ¿a qué te refieres específicamente? —cuestionó con curiosidad el maestro.

—A todo y a nada en particular —contestó la joven con aparente desgano.

—En algo pensabas cuando hiciste el comentario. Dame un ejemplo. ¿En qué te basas para decir que no somos libres? —insistió el maestro.

En otras circunstancias, Nelly se hubiera vuelto hermética. Así es como acostumbraba expresar su negativa a cooperar con algún interrogatorio. Pero en esta ocasión era distinto. El profesor la hizo sentir importante. Claramente, Nelly le escuchó decir: "¡Dichoso aquel que cuente con tu amistad!" Qué bellas sonaron aquellas palabras a sus oídos. Nelly contestó:

—A cualquier cosa. Por ejemplo. Nos dicen que somos libres, pero nos obligan a usar un uniforme para venir a la escuela. Entonces, no somos libres. La libertad no existe.

Varios de sus compañeros le hicieron señas, dándole a entender que había ganado una batalla. El maestro continuó:

—Tienes razón. Una vez que te inscribiste en esta escuela, una serie de reglas te fueron impuestas, ¿verdad? —respondió el mentor con serenidad.

—Yo ni siquiera me inscribí. Fueron mis padres quienes lo hicieron —repuso Nelly.

—¡Ah!, ya veo —contestó el maestro—. Tus padres no te dieron libertad para elegir en dónde estudiar la prepa.

—¿Ya ve? No somos ni una pizca de libres —replicó Nelly.

—Muchas veces he sentido lo mismo. Incluso me parece que la vida fuera como un juego de *Jumanji* —dijo el maestro.

— ¡Me robó mi idea! —repuso Nicolás— ¡Ésa es mi teoría!

—¿Cuál es tu teoría? —preguntó interesado el profesor.

Los compañeros estaban felices de perder tiempo de clases. Así que todo mundo estaba de lo más abierto a proseguir con aquella conversación. Lo que los muchachos ignoraban es que el maestro Alfonso era tan hábil, que les estaba enseñando filosofía justamente a través de esta conversación que aparentaba ser trivial.

Nicolás explicó:

—En ocasiones siento que somos unos muñecos puestos en un tablero de juego. Como el *Jumanji*. A veces, sin tirar siquiera los dados, se nos presenta un juego horrible. ¡Y luego, a vencer las dificultades! ¡Algunos momentos de la vida parecen verdaderas pesadillas! Siento ganas de gritar: "¡Ya no juego!" ¡Y ni quién me haga caso!

—¡Qué curioso! —contestó el profesor.

—¿Qué es curioso? —preguntó otro de los muchachos.

—Que yo mismo he tenido esa imagen. La vida me parece un juego, o un guión fílmico. A veces incluso nos toca ser el malo de la película.

—¡Claro! —respondió Nicolás— Estoy seguro de que muchas veces en mi vida hago cosas que no logro explicar. A veces llego a pensar que soy mala onda.

—Tú no eres mala onda —dijo Nelly—. En el fondo tienes una gran nobleza. Muchas veces he pensado que detrás de tu máscara de lobo, hay un cordero. Tal vez usas esa fachada para que la gente no te agarre de bajada.

—Eso es muy común —añadió el profesor—. Yo solía ser así en mi adolescencia. Me escondía detrás de una máscara de dureza. Después concluí que defendernos o protegernos de los demás es lo que nos va endureciendo. De cualquier forma —continuó—, hay un asunto que estamos dejando pendiente.

—¿Y cuál es? —preguntaron algunos alumnos, temerosos de que el profesor los volviera a los temas de clase, a los silogismos lógicos y otros pormenores de la materia.

—No terminaste de explicarnos tu teoría del *Jumanji* —dijo el maestro a Nicolás.

Los jóvenes respiraron aliviados.

—Antes me era difícil perdonar a quien me hacía daño, hasta que me di cuenta de que yo mismo en ocasiones daño a los demás —siguió Nicolás.

—¿Eso qué tiene que ver con el *Jumanji*? —preguntó a su vez Nelly.

Nicolas prosiguió sin dar respuesta a la interrogante.

—A veces hago daño a propósito. Pero hay ocasiones en que me sorprendo perjudicando a otros sin saber por qué lo hago, como si actuara obedeciendo un impulso. Después me siento mal conmigo mismo. A veces trato de repararlo. Si me atrevo, pido perdón.

Nuevamente, Nelly intervino:

—¿Te fijas en lo que digo? En el fondo no eres malo. Aceptar los propios errores es muy valioso y más lo es saber pedir perdón.

—¿Y qué con eso? No veo cómo se relaciona con un juego de *Jumanji* —insistió uno de los compañeros, puntualizando la duda de Nelly.

—Llámenlo *Jumanji*, o como quieran. Es como un juego, aunque a veces parece más una obra de teatro. En momentos te toca ser el bueno y en otros el malo. Jugamos distintos roles —contestó Nicolás.

—Todo tiene que ver con un aprendizaje —explicó el maestro.

El sonido de la chicharra anunció el fin de las clases. La mayoría de los chicos comenzó a guardar sus útiles, pues había concluido la jornada escolar. ¡Por fortuna era viernes! Tenían dos días para olvidarse de los deberes académicos.

En el salón quedaban ya solamente el profesor, Nelly y Nicolás. Antes de retirarse, Nelly preguntó:

—¿Entonces qué?, ¿somos o no somos libres?

El maestro sonrió y respondió:

—Tú aceptaste asistir a la escuela que tus padres eligieron para ti. Te pudiste rehusar hacerlo, pero no lo hiciste. Toda decisión conlleva consecuencias. Cualquier cosa que hagas te cierra algunas puertas y te abre otras.

—¿Puertas? —preguntó sorprendida Nelly.

—Puertas —contestó divertido el profesor Alfonso. Tomó entonces su portafolio y se despidió.

—Ciao. Luego nos vemos, ¿vale?

Una vez que Nicolás y Nelly estuvieron solos, la joven dijo:

—¿Ciao? ¿Vale? Jamás había oído a un maestro expresándose así.

—¡Chale! —exclamó Nicolás— No confíes mucho. Tal vez sea una pose. Cualquiera sabe que él no es uno de los nuestros.

Después, pasando a otro asunto, añadió:

—¿Qué me dices? ¿Vas a venir con tus cuates al cine, o ya nos cortaste?

—Por ningún motivo voy —respondió la joven—. Ustedes no quieren ver la película que me interesa. Si no hubiera en cartelera nada bueno, órale, vamos a ver cualquiera. Pero, hoy, hay cosas buenas que ver y ustedes prefieren puras porquerías. Nada más quieren ir a echar relajo. Así no me pasa el plan.

—Tú te lo pierdes —contestó Nicolás y se despidió, disimulando su decepción. Todavía no se lo confesaba. Ante sus ojos, lo que hacía atractivas las reuniones con los amigos era la presencia de Nelly. Sin ella, andar en bola con los demás no era maravilloso. Pero, bueno, era mejor que andar solo. Eso pensaba. No entendía cómo su amiga podía disfrutar de la soledad. A veces le parecía que era rara. Pero aun así, le gustaba. ¡Y mucho!

# El refugio de la cueva

Nelly era una persona solitaria. Con amigos, sí, para dar la finta, para pasarla bien. Pero en realidad nadie, en verdad nadie, conocía sus más profundos pensamientos.

Ella estaba segura de que no era común en los chicos de su edad dedicarse mucho a la reflexión. Nelly amaba la soledad. Era como meterse dentro de su cueva. Añoraba ratos a solas para poder leer. La lectura la transportaba lejos, muy lejos. Le permitía penetrar en las vidas de seres interesantísimos.

En casa de Nelly había cantidades enormes de libros. Ahí, invitándola a ser leídos.

Hacía algunas semanas se enteró de que existía un libro sobre la vida de San Agustín, cuya lectura había estado prohibida durante muchos años. No recordaba siquiera cómo lo descubrió. Aunque ahora, pensándolo bien, estaba casi segura de que había sido un comentario del maestro Alfonso.

En aquel entonces no le había dado importancia a las palabras del profesor. Pero hoy, por alguna razón, el conocimiento de tal hecho lo convirtió en un asunto pendiente. Deseaba leer el libro. Creía haber visto tal obra en su casa.

Nelly tenía quince años y miles, varios miles de preguntas sobre la vida. ¿Por qué prohibieron la lectura de ese libro? ¿Sería que la gente no estaba lista para leerlo? Tal vez los demás no, pero ella sí estaba preparada. Cuando menos así lo suponía. ¿Qué podría contener que fuera tan terrible?

Y buscando, buscando, lo encontró. Ahí estaba en el librero de su padre. En casa, a nadie parecía interesarle lo que ella hiciera con sus horas libres. Era una estudiante de primera, con los mejores promedios del grupo. Nadie la interrumpió en sus sesiones de lectura. En pocos días descubrió cosas muy interesantes.

San Agustín tuvo una juventud bastante desenfrenada. Leer sobre su vida le dio a Nelly mucha compasión. Lo sintió ¡tan desvalido!, ¡tan cercano! Pobrecita de su madre. Claramente se la imaginaba triste, preocupada y desesperada con aquel chamaco de costumbres tan desastrosas... Hasta que cambió por completo de vida.

¿De modo que era posible regenerarse? Eso descubrió Nelly con aquella lectura, hecho que la impactó enormemente.

En casa, su padre acostumbraba repetir aquel famoso dicho de *Árbol que crece torcido nunca su rama endereza.* Y Nelly, mientras careció de un criterio propio, aceptó la situación como algo consumado.

No obstante, un buen día se sorprendió a sí misma dudando de que aquello fuera verdad. "¿Si no podemos cambiar —se preguntó—, cuál es el sentido de la vida?"

Conocer la historia de San Agustín permitió a la joven contar con más argumentos para creer que el cambio es posible. "¿Y no tendría todo ello que ver con el manejo de la propia libertad?", pensó.

Unas semanas más tarde, Nelly abordó a Nicolás en la escuela y le expresó una inquietud. Pensaba en acercarse al maestro Alfonso y pedirle orientación para resolver algunas dudas. Pero tenía miedo de hacerlo. Se daba cuenta de que la comprometería en alguna forma.

—¿Cómo te comprometería? —le preguntó Nicolás.

—¿Recuerdas que el maestro dijo que toda acción cierra y abre puertas? Aquel día no entendí lo que eso significaba, pero después me di cuenta —contestó Nelly—. Cuando yo leo metida en mi refugio, eso me cierra las puertas a la convivencia con ustedes, pero me abre las puertas al conocimiento de mí misma y a la reflexión sobre lo que pasa en mi pequeño mundo.

Pedirle al maestro que me asesore me abre las puertas a la sabiduría, pero me las cierra a la irresponsabilidad.

—¡Ay, ya! —interrumpió Nicolás— Te pones demasiado seria. Y con ese lenguaje... ¡te desconozco!

Nelly insistió:

—Es muy fácil decir que yo no tengo la culpa de lo que me pasa. También lo es pretender que ignoro las consecuencias de mis actos. Si abro los ojos, me daré cuenta de muchas cosas que me enfrentarán con mi inmadurez. No podré echar marcha atrás. Una vez que descubra lo que tanto temo saber, habré caído en la cuenta de que yo misma decido mi destino.

—¡Ya bájale! —repuso Nicolás— Estás dejando de ser divertida.

Nelly prosiguió:

—El conocimiento exige de nosotros mayor responsabilidad. A veces quisiéramos seguir siendo irresponsables.

—¡Claro!, culpando a los demás de lo que nos pasa —completó Nicolás—. ¡Pues de eso se trata!

—Es una tentación muy grande —reafirmó Nelly.

—Es como querer encontrar a alguien que pague por lo que nos ocurre —aseveró Nicolás—. ¡Se vale! ¡Todos lo hacen!

—Cómo crees que se vale —lo retó Nelly—. La mayoría de las veces se la queremos cobrar a alguien que ¡ni siquiera tiene vela en el entierro!

—Y a mí qué me importa —contestó Nicolás—. ¿Qué no lo expresa así aquel dicho: *No busco quién me la hizo sino quién me la pague*?

—¿No te parece que eso es inmaduro? —preguntó Nelly.

—¡No exageres! —comentó Nicolás— Somos adolescentes. Entiende que hay cosas que pasan en nosotros tan sólo por nuestra edad.

—¡Ése es el punto! —dijo Nelly con enojo.

—¿Cuál punto? —preguntó Nicolás, tan sólo por cortesía, pues ya había tenido suficiente y deseaba finalizar la conversación.

—Que precisamente en esta edad debemos decidir sobre muchos asuntos, y nuestras decisiones marcarán nuestra vida para siempre. Y lo peor de todo es que muchas de ellas son equivocadas y a la larga vienen a ser como un autogol en nuestras vidas.

El tono filosófico de Nelly acabó por cansar a Nicolás. Él tenía interés en su amiga. Pero cuando se tornaba seria y reflexiva le surgían muchas dudas. Ella era mucho más entretenida cuando se comportaba como los demás. Entonces la sentía parte del grupo; no como ahora.

—Ya me aburriste —afirmó Nicolás con aspereza y dando media vuelta, desapareció.

Nelly se quedó sola, como muchas otras veces, y furiosa consigo misma. Al paso que iba —pensó—, pronto se quedaría sin amigos.

Entonces en su mente surgió un nuevo pensamiento: "Yo no aburrí a Nicolás —se dijo—; él eligió aburrirse".

En ese momento, Nelly se percató de cómo a menudo las personas nos creemos títeres. "Ya parece —concluyó— que yo tuviera el poder y el mando sobre los sentimientos de Nicolás. Como si él poseyera un botón que yo presionara y en forma automática e involuntaria lograra hacerlo enojar o ponerlo contento o aburrirlo o interesarlo en mi conversación. ¡Bahh!"

Con esta ocurrencia en mente, Nelly logró serenarse.

"¡Claro! —pensó— Cómo no se me había ocurrido antes: cada quien es soberano sobre sus propias emociones y sentimientos. Hasta en eso somos libres."

Entonces recordó cómo apenas unos días antes había iniciado un conflicto en la clase del profesor Alfonso, justo porque desconfiaba de aquella condición humana.

¡Bendito profesor Alfonso! Lo que Nelly necesitaba era una luz en el camino, una orientación. En realidad sus palabras retadoras obedecían a un desconcierto, a un estado de confusión interior, a una profunda inquietud de búsqueda, ¡a un intento de hallar respuestas!

En el fondo, Nelly intuía que la libertad existe, pero encontraba tantas razones para negar tal hecho... El simple respeto e interés que el maestro mostró aquel día hacia sus palabras, le ayudó a la joven a aclarar su mente. La aceptación que le transmitió había sido suficiente: le permitió sentir que se vale estar en desacuerdo.

"Estamos tan acostumbrados a que la gente repruebe nuestros pensamientos y nuestros sentimientos", pensó la joven para sí.

Por primera vez en su vida, Nelly sentía que tenía permiso para sentir y pensar de determinada manera.

"¡Qué a gusto! —se dijo— Poder explorar en nuestro interior, sin sentirnos culpables por pensar lo que pensamos o sentir lo que sentimos, aun cuando sea distinto a lo que piensan o sienten los demás."

Todo fue cuestión de encontrar alguien que la hiciera sentirse aceptada tal como era. Nelly se sintió contenida.

"Tener a la mano alguien que nos contenga, que sea —por así decirlo— nuestro *catcher,* eso es una suerte", pensó.

Entonces entendió algo más sobre sí misma. Algo que fue una auténtica revelación: ¡Claro! Por eso retaba a los adultos. Con ansia quería hallar a alguno que fuera lo suficientemente maduro, hábil y capaz de contener su agresión y su inquietud adolescente. Eso sintió al hallar a su maestro Alfonso.

"Tal vez se lo confiese algún día —pensó—. Él ha venido a convertirse en mi *catcher.* Sí, como un *catcher* del beisbol." Sólo que en este caso no se trataba de cachar una pelota, sino de cachar a una persona —o sea, Nelly—, que daba muestras de desbordarse por un exceso de dudas e inquietudes.

# Un auténtico maestro

Muchos cambios empezaron a ocurrir en Nelly. Conforme pasaron los días, ella desarrolló un gusto especial, y cada vez mayor, por las clases del profesor Alfonso.

Esta nueva actitud disgustó a Nicolás, quien incluso se volvió un tanto hostil hacia la joven.

El muchacho no entendía el cambio de comportamiento de su amiga. Hasta hacía muy poco, ella había aborrecido la lógica y todo lo que se le pareciera.

El maestro Alfonso era el culpable. De eso estaba seguro Nicolás. Así que decidió combatirlo de una u otra manera.

Nelly, por su parte, estaba muy agradecida con su profesor. Él le abrió los ojos y le permitió descubrir que ella fue filósofa desde que tuvo uso de razón. Siempre se inclinó hacia la reflexión. Su entretenimiento favorito había sido hurgar en lo profundo de sus pensamientos para descubrir... ¿qué cosa? Ni ella misma lo sabía. Pero ¡cómo le gustaba quebrarse la cabeza!

A Nelly le encantaba reflexionar sobre sus experiencias, sus descubrimientos, sus dudas y suposiciones. En cambio, para nada le agradaba desenmarañar las ideas complejas de un libro de filosofía: que si el ser, que si la materia, que si el alma, que si el átomo. ¿Eso a quién le interesa? Cuando menos, a ella no.

"¿Para qué hacer complejo lo simple? —pensaba— ¿Por qué no hablar de lo que uno piensa, siente y hace? Hay que partir de la vida misma. Eso es lo verdaderamente importante."

Nelly estaba segura de que su maestro Alfonso era un ser superior. Y esto lo pudo confirmar muy pronto con lo que sucedió un buen día.

Los alumnos tuvieron una semana difícil. Por supuesto, periodo de exámenes. Estaban todos hartos, ¡bien hartos!

Nicolás quiso divertirse un poco, para relajarse, y qué mejor que convertir al profesor Alfonso en el foco de su diversión. Era un poco de venganza, lo aceptaba. Pero eso le pasaba por meterse con su amiga. Nelly ya no le parecía divertida. Y todo era culpa del maestro. Así es como Nicolás veía las cosas.

La siguiente clase era justamente la del profesor Alfonso. Les tocaba la materia de lógica. Antes de que el maestro entrara, Nicolás se acercó al pizarrón y escribió en él una nota con letra grande, grandísima, y esto ocurrió en seguida:

Cuando el maestro entró al salón, sintió algo extraño en el ambiente. Todos los chicos estaban sentados en sus bancos, lo cual no era común. Además, aguardaban en silencio... Eso era más raro. Lo habitual era que estuvieran en total desorden cuando los profesores entraban a clase. Formaba parte de un ritual. Les encantaba forcejear. A ver quién podía más: los profesores con su autoridad o los alumnos con su juventud.

Había maestros a los que respetaban. De eso ni duda cabe. Pero para que esto sucediera, antes debían pasar una prueba. Primero que nada había que medirlos. ¡Claro! Era preciso medir a cada uno de los docentes.

Aquel día, Nicolás deseaba vengarse y divertirse. Su intención era dejar al maestro en ridículo delante de todos, pero más que nada delante de Nelly.

¡Cuán alejado estaba de la realidad! ¡Qué poco sabía de la vida! ¡Cómo ignoraba que los grandes maestros lo manifiestan a cada momento con sus actuaciones estelares!

El profesor Alfonso se acercó al escritorio. Fue entonces cuando volteó hacia el pizarrón y vio el letrero. Así estaba escrito:

ODIO
LA LOGICA

Tienes derecho
a odiarla.

## ODIO LA LÓGICA

El maestro se aventó un diez. Sin decir una sola palabra, tomó un gis y escribió también con letras enormes:

> Tienes derecho a odiarla

Y en seguida, como si nada hubiese ocurrido, como si a otra cosa mariposa, preguntó: "¿En qué nos quedamos la clase pasada?"

Nicolás sintió que su rostro enrojecía. Se sintió ridículo frente a Nelly, quien había visto a su amigo escribir aquella nota.

Después de aquel incidente, el maestro prosiguió con la lección. Todo funcionó de manera normal, en apariencia.

Para comenzar, ningún alumno mostró desinterés hacia el tema de la clase, algo nada común. Como por arte de magia, de pronto, la lógica pareció agradarles. Quizá se debió a que surgió en ellos el deseo de aprender a ser tan hábiles como su maestro. ¡Quién sabe! Él hizo gala de su ingenio, tuvo una actuación de excelencia parecida a los actos de prestidigitación propios tan sólo de los magos.

Por otro lado, Nicolás se sintió peor aún, pues se dio cuenta de que sus intenciones resultaron contrarias a sus fines. Sin quererlo, contribuyó a exaltar la imagen del profesor ante los ojos de Nelly. El único en quedar mal fue él mismo.

—Te pasas, de veras —le dijo Nelly, una vez terminada la clase.

Nicolás sintió la mirada despectiva de Nelly. Él deseó recuperarla y en lugar de ello logró justo lo contrario.

Creía que al apartar al maestro del camino, las cosas volverían a estar como antes entre ellos dos. Pero estaba equivocado. No hacía falta apartar al profesor. Más bien, debía acercarse a su fuente de temor.

Uno nunca sabe en qué acabarán las cosas. Algo que empezó mal terminó por ser el punto de unión entre Nelly, Nicolás y el maestro Alfonso.

Después de la clase, Nicolás se sintió obligado a ofrecerle disculpas a su mentor. Pensó que era necesario para restaurar su propia imagen ante Nelly.

Apenas con un susurro de voz, le dijo al maestro:

—Perdón. Fui yo quien escribió la nota. Discúlpeme. Es que estoy algo confundido.

Más tarde, Nelly se enteró por Nicolás de que el maestro Alfonso le platicó con toda serenidad que él en su juventud también estuvo invadido de conflictos. En el pasado, la paciencia y el afecto de uno de sus profesores le ayudaron mucho a disipar sus dudas y a enderezar su camino.

—Hay cosas en la vida que sólo un gran maestro puede reparar —le explicó—. Yo conté con la ayuda de uno. A partir de sus enseñanzas, tomé una decisión: ofrecer ese tipo de apoyo a jóvenes que, al igual que yo en otro momento, están luchando por encontrarle un sentido a sus vidas.

"No siempre te rodean adultos dispuestos a dar este tipo de apoyo —agregó—, pero a mí me parece sencillo ayudarlos porque me encanta trabajar con los jóvenes. De hecho, me simpatizan, me caen bien, me divierten, me llenan de vida. Los veo a veces ¡tan atormentados! Idéntico a como yo estuve en mi juventud.

Días después, Nicolás y Nelly, en forma conjunta, decidieron tomarlo como su asesor personal. Él escuchó su petición y dijo que lo pensaría antes de ofrecerles una respuesta.

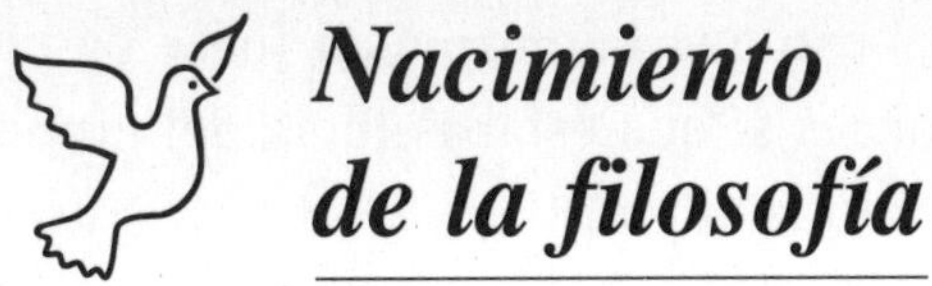

# Nacimiento de la filosofía

Varias semanas después, al terminar la clase, el profesor abordó a ambos jóvenes en el corredor. Nelly y Nicolás tuvieron miedo de las burlas de sus compañeros. Los amigos no veían bien que uno de sus iguales se llevara de a cuartos con un profesor. Lo sentían como una traición.

El maestro Alfonso les comunicó que el viernes por la tarde estaría libre y que podía verlos en una cafetería pública.

Esta idea llenó de terror a los muchachos. Por un lado, deseaban esa entrevista. Pero también les daba vergüenza. Donde alguno de los cuates de la escuela los viera en compañía de ese ruco. ¡Qué oso!

Entonces ellos le contestaron que lo pensarían. Es posible que no estuvieran listos aún. Era mayor su miedo que su incipiente interés por la filosofía.

Lo común era que los cuates se juntaran para ir a la disco, o al antro, como le llamaban. Cualquiera de la bolita que tuviera de pronto interés por ir a tomar un café y platicar, era visto por los demás como un bicho raro. Súmale a eso que la entrevista fuese con un adulto... ¡Entonces sí que estabas fuera del grupo!, ¡quemado para toda tu vida!

Nelly y Nicolás querían estar seguros. Qué tal que descubrieran, finalmente, que no valía la pena.

Lo que se propusieron fue comenzar a seguir al maestro, sin ser vistos, sólo para conocer su rutina.

Le dijeron que lo buscarían el viernes en la cafetería. Y acudieron justo a la hora de la cita, pero no entraron. En su lugar, estuvieron largo rato observándolo desde afuera, a través de las ventanas.

Los chicos se sentían un tanto apenados. Nelly, sobre todo. El maestro leía un libro, acompañado con una taza de café. En ocasiones interrumpía su lectura para mirar su reloj. A leguas se notaba que los esperaba. De pronto, los chicos vieron que tomaba su celular. No marcó número alguno. Alguien lo llamó. Pidió su cuenta. Se levantó, pagó y salió del lugar.

Los jóvenes siguieron al maestro por los pasillos, hasta que salió al área de estacionamiento donde se escurrieron entre las filas de coches para no perderlo de vista. Lo vieron acercarse a un carro rojo. Sacó las llaves del bolsillo de su pantalón, abrió la puerta, subió al coche y arrancó.

Los jóvenes se miraron entre sí y a media voz exclamaron:

—¡Qué carro!

Y es que su asombro no era para menos. El maestro Alfonso manejaba un carro deportivo, nada que ver con el aspecto serio y formal de un profesor de filosofía.

Adónde se dirigió el profesor o qué hizo después de abandonar el estacionamiento, fue algo que los chicos supieron el lunes siguiente en la escuela.

En el horario escolar estaba marcada la clase de lógica como la primera materia del día.

Nelly y Nicolás estaban intrigados. Por un lado, deseaban ver a su maestro, pero por otro, temían el encuentro.

Sus temores eran infundados.

Aquella mañana, el profesor Alfonso no asistió a la escuela. En su lugar apareció una maestra suplente que, según anunció, era su alumna en la facultad.

¡De modo que el profesor Alfonso también enseñaba en la Universidad!

La maestra era joven y especialmente hermosa. Entre dientes, varios de los compañeros de clase de Nelly y Nicolás comentaban que más que filósofa parecía modelo.

La clase transcurrió ágil y participativa. Lo habitual era que los alumnos se aprovecharan de situacio-

nes como ésta. A los maestros novatos solían boicotearles la clase. Había muchas formas de hacerlo. Pero no hubo incidentes en esta ocasión. Al contrario, hubo diálogo y apertura. Sobre todo, los varones participaron. ¿Sería, tal vez, que deseaban quedar bien ante la guapa maestra?

—¿Quién creó la filosofía? —preguntó la profesora al grupo.

—Los hombres —contestó alguno de los chicos.

—Claro, siempre el machismo —repuso Nelly, despectivamente.

Sin prestar mayor atención a su comentario, la maestra continuó:

—Fueron los grupos humanos, los hombres y las mujeres.

—¿En qué momento? —interrumpió Nicolás, a su vez.

—Cuando el hombre comenzó a tener conciencia de sí mismo.

—¿Y cuándo sucedió esto? —cuestionó algún otro de los compañeros.

—Todo tiene que ver con la evolución del hombre sobre la Tierra. Llegó el momento en que se dio cuenta de que su participación en el mundo no era igual a la

de los animales, las plantas o demás objetos de la naturaleza. Entonces empezó a observar a su alrededor y a mirar las estrellas.

—Puedo imaginarme todo aquello —comentó Nicolás, recordando cómo le gustaba recostarse en la hierba y observar las noches estrelladas.

—Llegó un momento en que las personas se preguntaron: ¿de dónde venimos?, ¿qué carambas hacemos en esta tierra? Se sentían tan indefensos ante las inclemencias del tiempo. Tanto, que muchas veces se sintieron presos en el mundo, viviendo una vida que no eligieron —dijo la maestra.

—En eso tenían razón. Nadie nos preguntó si queríamos o no nacer. Y de pronto estamos arrojados en un mundo hostil que no nos gusta para nada —repuso Nelly.

—Ya veo —contestó la maestra con interés. Entonces preguntó a la joven:

—¿Y tú cuál crees que es el propósito de la filosofía?

Nelly se tomó algunos minutos para contestar. Luego, dudosa, dijo:

—Pienso que como fin último lo que la filosofía persigue es la felicidad.

—¡Pero niña!, llegar a esa conclusión ha exigido en ti mucho estudio y reflexión —afirmó la maestra sorprendida, y preguntó:

—¿Cómo lo afirmas?, ¿cómo lo sabes?

Sintiéndose más segura después de recibir tal reconocimiento a su respuesta, la joven contestó:

—Ha sido mi tía. Ella descubrió un libro sobre la felicidad. Le gustó tanto que después compró varios ejemplares para obsequiar y a mí me correspondió uno de ellos —respondió la joven—. Hace poco lo leí. Simplemente repetí lo que plantea el autor una y otra vez a lo largo de su obra. Lo que más me agradó fue darme cuenta de que ya había intuido algo de eso.

—Eres afortunada —dijo la maestra—. Muchas veces las respuestas a nuestras dudas están al alcance de la mano, pero a veces no las advertimos y las dejamos ir.

—Puede ser por desconocimiento —puntualizó Nelly—. Pero la mayoría de las veces es por falta de interés. Muchos adolescentes se niegan a creer que las decisiones que toman en esta etapa de su vida pueden afectarlos para siempre, y no ocupan su mente en examinar con cuidado los hechos y sus consecuencias.

Nicolás se sintió aludido e incómodo. Ése fue el tema de uno de sus disgustos con Nelly y sentía que el comentario era una pedrada dirigida con toda intención hacia él.

La maestra retomó la palabra y explicó al grupo:

—Lo que Nelly ha dicho sobre la filosofía y la felicidad es cierto. Es importante recalcar que dicho fin deberá estar siempre supeditado a la verdad. Sólo a través del conocimiento verdadero podremos lograr la auténtica felicidad.

—¿Y cuál es el conocimiento verdadero? —preguntaron algunos alumnos.

—De eso tratan sus lecciones de filosofía y de lógica. Si ponen atención, lo irán descubriendo, como también descubrirán que a lo largo de la historia los seres humanos han cambiado de parecer. Así es como evoluciona el conocimiento. Es como si la humanidad entera pasara de la infancia a la juventud y de ahí a la adultez, y en el camino descubriera nuevas realidades conforme crece su capacidad de pensamiento.

Los chicos captaron muy bien estas ideas. Con claridad podían imaginar escenas de su propia infancia, cuando muchas cosas les parecían blancas o negras. ¡Qué distinto lo veían ahora! Sin duda, la edad y la experiencia les abrían los ojos a nuevas perspectivas.

Nelly intervino:

—Cuando una persona valiente se atreve a buscar algo más y llega a un nuevo descubrimiento y lo anuncia, es común que no se le escuche e incluso que se le rechace.

—Sí —asintió la maestra—, las personas temen a lo desconocido. Muchas veces viven en el error, sin darse cuenta de que abrirse a nuevos conocimientos les permitiría vivir mejor, o encontrar la explicación de muchos asuntos inconclusos, o hallar la auténtica felicidad, o acercarse más a la verdad.

Nicolás apuntó:

—La misma ciencia está llena de ejemplos que tienen que ver con esto. Hoy en día nos parece natural afirmar que la Tierra gira alrededor del Sol, pero recuerden los ataques que, en su tiempo, sufrió Galileo por sostenerlo.

—Y con respecto a las relaciones con las personas, era natural odiar al enemigo. Sólo un conocimiento superior nos reveló una nueva manera de vivir: amando a nuestros enemigos —apuntó Nelly.

En ese momento, la maestra desvió su mirada. Durante un breve lapso pareció ausente a la clase. Veía por la ventana hacia el patio. Entonces dijo:

—Voy a pedirles que se pongan en parejas o en grupos de tres. A continuación deseo que platiquen sobre qué los hace felices y qué tiene que ver con su misión de vida.

—¿Misión de vida? —preguntó Nelly—, ¿a qué se refiere?

La maestra contestó:

—Es tu razón de ser, el sentido de tu existencia, tu respuesta a la pregunta ¿para qué vives? Todos tenemos algo que hacer en la vida. ¿Qué será lo que te toca a ti hacer en este mundo para mejorarlo?

—¡Va! —respondió Nelly, entusiasmada con aquella tarea.

La profesora repitió:

—En pequeños grupos van a compartir con sus compañeros sus ideas acerca de lo que los hace felices y luego dirán qué relación guarda con su misión de vida. Tienen veinte minutos para terminar este trabajo. Deben hacer un pequeño escrito que me entregarán al finalizar la clase.

Durante el ejercicio, la maestra se paseaba por entre los bancos para asesorar a los chicos y ver cómo trabajaban. Varios muchachos aprovecharon el momento para preguntarle si tenía novio. Eso parecía divertirla. Desde ningún punto de vista parecía una maestra novata. Y en efecto, ¡no lo era!

# El mundo
## de allá afuera

Cuando terminó la clase, la maestra recogió los escritos de los distintos equipos, se despidió y anunció que el maestro Alfonso regresaría al día siguiente, como de costumbre.

—¡Ay! —se escuchó un coro de voces masculinas.

—¿Así nomás? —preguntó alguno.

—Viene, nos encanta con su clase y ¿se va? ¿Dónde está su misión? —dijo otro, divertido.

—Sí —agregó Nicolás—. Sálvenos, rescátenos. ¿Qué no ve que somos unos pobres adolescentes perdidos y sin esperanza? Algo tiene que hacer para mejorar el mundo. ¿No es así?

Los compañeros echaron a reír, divertidos.

A Nelly le pareció que Nicolás coqueteaba con la maestra. ¡Qué ridículo papel! Entonces abandonó el salón y allá en el pasillo se topó con el maestro Alfonso.

—¿Y ahora qué le pasó?, ¿por qué no llegó a clase? —le preguntó.

El profesor, preocupado, a su vez la interrogó:

—¿No llegó mi suplente?

—¡Vaya si llegó! Debería usted ver a todos los chavos vueltos locos con su alumna. No sabía que usted impartiera clases en la facultad de filosofía —apuntó Nelly.

—Sí, doy clases en la Universidad pero no en filosofía, sino en la carrera de Ciencias de la Comunicación.

—¿Y quién es su alumna? —preguntó Nelly, un tanto celosa.

—Fue mi alumna. Ahora trabaja para la televisión —contestó él.

—¿Para la televisión? —repitió Nelly, intrigada.

—Sí, claro, es conductora de programas educativos. Es sensacional, ¿no te parece?

—Vaya que lo es —respondió Nelly, con un poco de envidia.

La conversación se vio interrumpida. Por el pasillo se acercaban Nicolás y la maestra. Él ya había averiguado su nombre: se llamaba Jaquelín y era la novia del profesor Alfonso. Esto último se lo comunicó a Nelly, en seguida, al oído.

La joven respiró aliviada. Y no sólo ella. También Nicolás. Uno y el otro, sin confesarlo, tuvieron miedo de que nuevos intereses se interpusieran entre ellos. Ahora se sentían a salvo.

Entonces Nicolás aceptó para sí mismo que días antes se sintió ambivalente hacia su profesor. Por un lado, lo admiraba, pero por otro, le tenía coraje. ¿O sería miedo?

El chico reconocía que se sentía celoso de él. "Y este sentimiento era justificado", pensaba. No era para menos. Desde que Nelly se sintió bien tratada por su profesor, empezó a cambiar y él no estaba seguro de que este cambio le agradara.

Por su parte, Nelly se percató de lo mucho que le interesaba Nicolás. Nunca antes se había enterado de ello. Hizo falta que una mujer hermosa se interpusiera para hacérselo notar.

—¿A qué hora grabas programa? —preguntó el maestro a su novia.

—Debo presentarme en el estudio a las 12:00.

—No te detengo. Luego nos vemos. Gracias por hacerme el paro.

La hermosa Jaquelín, con su alta y esbelta figura, se retiró dejando una estela de perfume en el corredor.

Nelly y Nicolás no tuvieron tiempo de preparar una defensa. De repente, ahí, escucharon un reclamo:

—¡Me plantaron el viernes, jovencitos!

Tragando saliva, Nicolás contestó:

—Es que no estábamos seguros.

—Lo imaginé, y tienen derecho a estar inseguros. No pasa nada. No hay fijón. Siempre cargo con un libro, así que destiné aquel tiempo a leer —explicó.

—Sí —aseveró Nelly—. Lo vimos leyendo.

Nicolás hizo un gesto a su amiga, invitándola a callar. Ella contestó:

—No, Nicolás. Digámosle la verdad.

Y agregó:

—Nos dio pena que alguien nos viera en el café con usted.

El maestro lo entendió en seguida y sonrió. Entonces les dijo:

—¿No tienen clase en este momento? Ya deberían estar adentro. Luego platicamos.

—No —contestó Nicolás un tanto brusco—. Antes díganos por qué tiene el carro que tiene. Dudo que con su sueldo de maestro se lo haya podido comprar. ¿Qué negocios esconde?

—Eres valiente, Nicolás. Atreverte a preguntar es muestra de ello —respondió el profesor.

—Deje de alabarme y conteste —insistió Nicolás, envalentonado.

—¿Qué deseas saber?, jovencito —preguntó él a su vez.

—¿Qué hace aparte de reírse de nosotros?

—¿Lo dices en buen plan o en mala onda? ¿En verdad sientes que me río de ustedes? —cuestionó el maestro.

—No lo sé. No lo tengo del todo claro —contestó Nicolás—. Precisamente ahorita me siento ridículo y creo que usted se divierte a nuestra costa.

—Enseñar es algo que hago como misión de vida —aclaró el profesor—. Mis ingresos vienen de la radio.

—¿De la radio? —preguntaron al unísono Nelly y Nicolás.

—Así es. ¿El nombre de "Radio Cosmos" les suena familiar?

—Para nada —contestaron los dos.

—¿Escuchan acaso la radio? —preguntó el maestro.

—Sólo música punk o alternativa —contestó Nelly.

—¿Nada de entrevistas ni programas culturales? —interrogó el profesor.

Nelly y Nicolás se miraron el uno al otro como reprobando, sin palabras, el comentario del maestro.

—Estoy ruco. Bien ruco —dijo él—. Y no sólo ruco, sino totalmente desubicado, ¿verdad?

Entonces prosiguió:

—Desde hace muchos años, mi familia está metida en el negocio de la radio. Recientemente nos expandimos: mi padre compró otras estaciones. Estoy tan ocupado que he pensado en dejar la docencia. Hoy, por ejemplo, tuve una cita ineludible. Por eso le pedí a Jaquelín que tomara mi lugar en la clase.

—Eso lo explica todo —dijo Nicolás, aliviado.

—¿Explica qué? —preguntó el profesor.

—Su carro, su guardarropa, su novia...

—¿Qué tiene que ver su novia en esto? —interrogó a su vez Nelly.

—¡Digo! —contestó Nicolás, moviendo los ojos de un lado a otro.

—Digo, ¿qué? —apuntó Nelly, un tanto molesta.

—¡Es mucha pieza! —exclamó Nicolás, algo apenado.

—Bueno, bueno, jovencito. Ya tendremos mucho tema de conversación. Ahora, ¡a clases! —ordenó el maestro. Y cambiando de tema, agregó:

—Cuando gusten los invito a conocer los estudios de grabación de la radio.

—¿Es en serio? —preguntó Nicolás.

—Es un compromiso —señaló el maestro y se alejó.

# Un estudio de radio

Pasaron varios días antes de que Nelly y su amigo pudieran acudir a la radio: su maestro los invitó a presenciar una entrevista grabada que haría a un psicólogo el martes siguiente.

El profesor los citó media hora antes que al invitado especial, para cerciorarse de que llegaran a tiempo, pues, según les explicó después, una vez iniciada la grabación por ningún motivo permitía que alguien lo interrumpiera entrando o saliendo del estudio.

Los chicos llegaron con más de una hora de antelación, ya que no quisieron arriesgarse a que se les hiciera tarde. Avisaron en sus respectivas casas que no los esperaran a comer. En cuanto terminó la jornada escolar, pasaron a un mini-súper, donde se compraron un par de tortas y un refresco, y se pusieron en camino.

Uno nunca sabe cómo estará el tráfico y debían tomar un par de autobuses antes de abordar el metro que los llevaría a la estación de radio. No obstante que el maestro les dio instrucciones precisas sobre cómo llegar, descendieron del metro antes de lo acordado y caminaron un buen trecho.

Eso no pareció afectarlos. Formaba parte de la aventura. ¡Estaban tan emocionados! Todo aquello les parecía un universo nuevo e intrigante. Sin embargo, también estaban asustados. Acostumbrados tan sólo al pequeño mundo de su escuela y de su estrecho círculo social, se sentían un tanto intimidados por aquel ambiente.

Temían hacer el ridículo de alguna manera, pues no pertenecían a ese lugar y tenían la impresión de ser el foco de atención de todos. Más tarde, comentándolo con su maestro, aprendieron que ésa es una sensación común para los extraños y que, finalmente, nadie los miraba. Cada uno de los presentes atendía lo suyo.

—¿No te encantaría ser conductora de radio? —preguntó Nicolás a su amiga.

—En parte sí —contestó ella—, aunque de sólo pensarlo, me siento inundada de pánico.

Los temores de estos jóvenes se disiparon cuando descubrieron a un grupo de niños que, según supieron luego, se daban cita en aquel sitio los martes de cada semana para grabar un programa infantil que salía al aire todos los sábados.

¡Unos niños mostraban mayor seguridad que ellos! ¡Cómo!

Todo era cuestión de acostumbrarse —pensaron— y dar el primer paso.

El maestro Alfonso llegó hasta ellos. Tan absortos estaban que ni siquiera lo vieron acercarse.

—Llegaron temprano —les dijo—. Qué bueno, así tendré oportunidad de enseñarles mi lugar de trabajo.

Los jóvenes lo siguieron por entre los pasillos. Les llamaba la atención ver la diversidad de personalidades. Unos iban bien trajeados; otros de jeans; algunos estaban impecablemente peinados; otros, con la melena trenzada o agarrada en una cola, y esto era independiente de que fueran hombres o mujeres.

No hicieron comentario alguno en ese momento, aunque más tarde sí, una vez que estuvieron fuera de la estación de radio.

Todo era nuevo para ellos: las salas de grabación, con sus micrófonos y sus audífonos; los cristales que dividían las distintas zonas de trabajo; los enormes y sofisticados equipos de audio... Y afuera de estas salas, distribuidos en los rincones, algunos aparatos de radio sintonizados con distintos programas que en esos instantes estaban al aire.

AL
AIRE

¡Había tanto movimiento!

Nelly y Nicolás se sentían privilegiados haciendo aquel recorrido con su maestro. "¡El hijo del dueño!", pensaban, dándose aires de gran importancia, aunque esto último jamás lo reconocerían.

El maestro Alfonso los condujo hacia un corredor que notoriamente era distinto a los demás. La espesa alfombra que cubría el suelo casi los hacía sentir como si caminaran sobre las nubes. De hecho, así lo experimentaban. Se respiraba un aire de solemnidad, de respeto, de altura, que no habían sentido desde su llegada a la estación.

El corredor se ensanchó y dio paso a una antesala donde vieron a una distinguida secretaria colgando el auricular del teléfono. El profesor, con amabilidad, le dijo:

—Le presento a dos jóvenes promesas.

—Mucho gusto —dijo ella.

—¿Cómo está, Lupita?, ¿hay pendientes de urgencia? —preguntó.

—Justamente me acaban de avisar que ya llegó su invitado a la entrevista —contestó.

—Muy bien —respondió y, mirando a los chicos, agregó:

—Lupita es mi secretaria. Es mi brazo derecho.

A continuación, dirigiéndose a ella, señaló:

—Estos jovencitos han venido a ayudarme con la entrevista.

—¡Cómo! —exclamaron ellos al unísono, con los ojos desorbitados.

—Como lo oyeron —contestó—. Ustedes son jóvenes brillantes y audaces. Yo estaré ahí conduciendo la entrevista, y en algún momento solicitaré su intervención. Actúen en forma natural. Eso es todo. Verán que mi invitado es una persona muy agradable. Con él se sentirán como en casa.

Camino al estudio, Nicolás y Nelly estuvieron en completo silencio. Cada uno dialogando consigo mismo, deseando que la entrevista ya hubiese concluido.

Al inicio del programa, el maestro Alfonso saludó a los radioescuchas y les presentó a su invitado, el licenciado Noé Hiriart. También señaló que para muchos era ya alguien familiar, pues con anterioridad ya había asistido al programa.

Curiosamente, el tema de la entrevista fue la libertad humana. Aquel tópico que ocupaba la mente de Nelly desde hacía varias semanas.

—Noé, ¿qué puedes decirnos de la libertad? —preguntó el profesor a su invitado— En nuestro público

hay personas que dudan que la libertad existe —dijo, guiñando un ojo a Nelly.

La chica sintió que le daba un vuelco el estómago.

El invitado contestó:

—Es fácil pensar así. Habitualmente nos han enseñado que la libertad es la capacidad de elección. También nos han dicho que sólo es libre quien elige el bien. Entonces cabe la pregunta: ¿de qué somos libres si forzosamente debemos optar por el bien?

—¿Verdad que sí? —intervino Nelly, sin acordarse siquiera de que su voz estaba siendo grabada.

Nicolás, contento de ver que su amiga interviniera en la plática, giró levemente su rostro, levantó el pulgar del puño derecho y sonriendo hizo un movimiento con sus labios para decirle sin voz: "¡Bien!"

Entonces la chica recordó en dónde se encontraba, hizo bizco y torció la boca. Estos gestos divirtieron a su amigo, quien hizo un gran esfuerzo para contener la risa.

Noé continuó:

—El ser humano posee inteligencia y, gracias a ella, puede adquirir conocimientos. Esta facultad le permite llegar a la esencia de las cosas y descubrir la verdad. Una inteligencia bien entrenada, tarde o tem-

prano, se da cuenta de que la mejor manera de vivir es respetando y cuidando todo lo que la rodea. Descubre que hay leyes que son evidentes por sí mismas y que parecen haber acompañado a todos los seres humanos a lo largo de la historia.

—¿Como cuáles? —preguntó el maestro Alfonso.

—Como por ejemplo el respeto, la lealtad, la honestidad, la integridad —contestó el entrevistado—. Los hombres de todos los tiempos han creído que estas formas de conducta son obligadas para convivir en paz con los demás; por lo mismo, se les considera inmutables; es decir, que nunca cambian ni cambiarán... aunque la realidad es que sí cambia la manera en que las interpretamos.

—Explícate —invitó el profesor.

Noé señaló:

—La gente suele pensar que el respeto es un principio fundamental de vida. Los problemas surgen cuando advertimos que por respetar a otros nos faltamos el respeto a nosotros mismos.

—¿Cómo ocurre esto? —preguntó el maestro.

—Cuando yo era adolescente —contestó—, era muy afecto a la lectura. Mi padre tenía sus propias ideas con respecto a qué materiales debía o no leer. En una ocasión, viéndome leer a Bertrand Russell, me dijo: "No lo leas porque te confunde". Yo era demasiado inmaduro todavía para adoptar una postura adecuada: me enfurecí y le contesté de mala manera que leería lo que me viniera en gana.

El entrevistado continuó:

—Poco después mi madre me dijo que debía respetar a mi padre y que mi conducta había sido reprobable. Reconocí que había sido grosero, aunque ahora sé que mi respuesta fue un grito de independencia. Me llevó muchos años aceptar qué los mayores no son infalibles. A veces se equivocan y cometen errores. Hay ocasiones en que obedecer sus órdenes significa desobedecer a nuestra conciencia.

"Yo creo —prosiguió— que un buen libro va forjándote un criterio. Leer con atención te permite evolucionar y ampliar tu mente; esto a menudo te conduce a cuestionarte muchas cosas. Pienso que mi padre en algún momento de su vida había librado sus propias batallas y que, en dicho proceso, logró aquietar su mente cerrándose a la lectura de determinados autores.

—¿Qué actitud hubiera sido mejor en tu padre? —interrogó el maestro Alfonso.

—Preguntarme qué estaba descubriendo en aquellas páginas. Cuestionarme sobre qué me agradaba del autor. Cualquier cosa que nos hubiera acercado —contestó.

—Quizás estaba temeroso —manifestó el profesor.

—Seguramente que sí. Es posible que temiera que mis hermanos o yo tomáramos caminos distintos al suyo. Quería protegernos; impedir que nos perdiéramos, sin caer en cuenta que en esta vida cada persona debe realizar su propia búsqueda.

El maestro anunció que debían ir a comerciales, pero antes de hacerlo, retomó las palabras del entrevistado y repitió:

—En esta vida, cada persona debe realizar su propia búsqueda. Queridos radioescuchas, no se vayan. Regresamos en unos instantes.

# *Tras bambalinas*

En el transcurso de los mensajes comerciales, la conversación prosiguió dentro del estudio:

—Lo que tú dices es verdad, Noé —aseveró el maestro conviniendo con él—. No podemos de manera arbitraria aceptar lo que otros nos dicen. Debemos ejercitar nuestra mente para descubrir la verdad.

El entrevistado indicó:

—Con frecuencia soy invitado a dar conferencias a padres de familia y es común que les señale cómo muchas veces los mayores pedimos a nuestros hijos que piensen; pero cuando su pensamiento los conduce a veredas distintas a la nuestra, les exigimos obediencia. Así, enfrentamos a los hijos a dos órdenes que pueden resultar antagónicas: piensa y obedece, y luego les pedimos que no nos cuestionen y que no adviertan la discrepancia entre ambas órdenes.

—Eso es como para volver loco a cualquiera —apuntó el profesor.

—Pues sí. Ante tal panorama, los hijos se confunden y se sienten a la deriva. Unos se tornan obedientes y parece que perdieran sus alas, incapaces de volar por sí mismos, sin regir su propia conducta, buscando siempre la aprobación externa. Otros, en cambio, se vuelven mañosos y dejan de informar a sus padres sobre lo que hacen o dejan de hacer.

—Eso es cierto —intervino Nicolás—. Una vez pedí permiso a mis padres para ir a un concierto de Blur. Era la primera vez que dicho grupo venía al país y varios de mis amigos asistirían. Mis padres argumentaron que les daba miedo que yo anduviera en la noche en lugares desconocidos para ellos y me negaron el permiso. Mi madre trató de consolarme diciéndome que podíamos ir juntos al Auditorio ¡a ver a Christian!, ¡no manches!

Nelly peló los ojos. Nicolás se dio cuenta de su vocabulario. Por fortuna, esta parte de la plática no se estaba grabando.

El maestro, sin dar señales de desaprobación alguna, le preguntó:

—¿Qué hiciste entonces?

—La próxima vez que mis amigos organizaron ir a un concierto, no enteré a mis padres. Inventé cualquier cosa, que iría a una fiesta, no recuerdo. Por supuesto que fui con los cuates, pero mis padres ni lo supieron. Así fue como conocí a *Off Spring*.

Noé retomó la charla:

—Los padres suelen quejarse de este tipo de conductas. Si hicieran una reflexión profunda se darían cuenta de que ellos mismos las propician al no escuchar debidamente a sus hijos.

—¿Qué alternativa tenían? —preguntó el profesor Alfonso.

—Básicamente enterarse de la magnitud del deseo de su hijo. Hubieran llegado a una negociación. ¡Imagínate! Peor resulta que los chicos se vayan a escondidas y que sus padres ignoren en dónde se encuentran.

Nicolás prosiguió:

—Días después, mientras hacía la tarea en casa, mi madre se me acercó con cara de pocos amigos. Traía un papelito arrugado en la mano. Según me dijo, lo había encontrado entre la ropa sucia. En seguida supe lo que era: ¡parte de mi boleto del concierto!

—¡Touché! —exclamó Noé— ¡Te pescaron!

—Mi madre siempre acostumbra revisar los bolsillos antes de echar la ropa a la lavadora. La noche del concierto metí el resto de mi boleto de entrada dentro de mis jeans. ¡Lo olvidé por completo!

—Quizá una parte de ti lo olvidó —apuntó Noé.

SKATE

—¿Cómo? —preguntó el chico, intrigado.

—A veces hacemos cosas aparentemente sin querer, pero en realidad las hacemos queriendo. Tal vez en el fondo deseabas informar a tus padres que habías asistido al concierto.

—Eso es verdad —asintió Nicolás—. No me gusta mentirles. Una mentira lleva a otra. Además, quizá por un tiempo te sirva de algo y te permita lograr lo que quieres, pero a la larga...

—¿Qué pasa a la larga? —preguntó Noé.

Nicolás olvidó que Noé era psicólogo (¿lo habría olvidado en realidad?). No había escapatoria. El muchacho contestó:

—Tarde o temprano te pescan en la mentira y entonces te sientes de la cachetada. Pierdes la confianza de la gente, al igual que el respeto en ti mismo.

—¡Ya veo! —exclamó Noé y apuntó— Volviendo al asunto del boleto en tu bolsillo, piensa si tal hecho te permitió un acercamiento con tus padres.

Nicolás comentó:

—Así fue, en efecto. En un principio pensé: Ya valí. Pero luego me di cuenta de que aquel descuido llevó a mis padres a rectificar sus normas para conmigo. Platicamos muchas horas y luego me dijeron lo difícil que ha sido educarme. Me confesaron que cuando

fueron niños y más tarde adolescentes, nunca cuestionaron a sus padres acerca de nada y que de haberlo hecho de seguro habrían ido a dar a Siberia.

—Hace tiempo que no escuchaba esa frase —mencionó Noé. Y dirigiéndose a Alfonso, preguntó:

—¿La recuerdas? Dicha frase significaba ser desterrado. Ahora decimos: Me mandarían a dormir con el perro.

Ambos rieron.

Nicolás parecía divertido, y en realidad lo estaba. Participar en aquella entrevista le hizo descubrir lo sabroso del chisme y lo a gusto que es aprender en medio de la diversión y de la risa sana.

Nelly, en cambio, parecía ausente. No que estuviera a disgusto, pero sí asimilando lo más posible y tratando de digerirlo antes de llegar a sus propias conclusiones. Ése era un comportamiento bastante habitual en la joven. Era profunda, tanto, que a veces dejaba pasar las oportunidades. Justo ahora estaba perdiendo la ocasión de conversar con un psicólogo experimentado.

# Los jóvenes hablan

El maestro Alfonso hizo una señal a los presentes, invitándolos a guardar silencio. Unos segundos después reinició la grabación de la entrevista.

—Bienvenidos nuevamente queridos radioescuchas. Hoy, además de la presencia del licenciado Hiriart, a quien muchos de ustedes conocen, pues ha venido al programa en repetidas ocasiones, tenemos en el estudio a dos jóvenes invitados. Ambos son mis alumnos. Son chicos brillantes de preparatoria y aceptaron ayudarme con esta entrevista. Conozcamos sus opiniones.

En seguida, dirigiéndose a Nicolás, le preguntó:

—¿Cómo ves tú eso de la búsqueda?, ¿estarías de acuerdo en que cada persona debe realizar su propia búsqueda?

Nicolás se vio obligado a recordar que antes de ir a comerciales, se dejó pendiente el tema de la búsqueda personal.

Y es que a lo largo del programa, en la cabina se realizaban conversaciones prácticamente paralelas, interrumpidas a la fuerza por los anuncios de los patrocinadores.

A Nicolás le intimidaba un poco saber que su voz estaba siendo grabada, pero por otro lado, el tono de la conversación no difería gran cosa de la plática sostenida durante los comerciales. Pensó que sus temores eran injustificados, lo que le permitió relajarse y contestar con soltura:

—Preferiría conocer las respuestas sin necesidad de buscarlas, pero hace años me percaté de que eso no ocurre ni en los cuentos de hadas.

—¿Por qué lo dices? —preguntó el maestro.

—Me gustaría contar con unos padres que supieran todo, que me señalaran el camino, que resolvieran mis dudas. A veces hasta preferiría que tomaran las decisiones que debo tomar yo mismo. Pero a menudo siento que ellos tienen sus propias dudas.

—Llegar a esta conclusión es prueba de una gran madurez —apuntó el licenciado Hiriart.

Aquellas palabras alentaron al joven a seguir con su discurso.

—Ver el mundo como ellos lo contemplan me evitaría muchos conflictos. No me gusta estar en conflicto —confesó el muchacho.

—Es algo inevitable para quien está vivo —aseveró Noé.

—Háblanos del conflicto —solicitó el profesor Alfonso.

—Surge cuando la importancia de un compromiso pasa a un segundo plano —aseguró Noé—. Es como cuando se te ha enseñado a actuar conforme a determinadas reglas y la experiencia te da evidencias de que muchos grandes descubrimientos jamás se habrían realizado sin romperlas.

—Éste es un tema difícil de abordar —señaló el maestro—. Es como pisar terreno pantanoso.

—En efecto, lo es —asintió Noé—. Acostumbramos educar a los niños y jóvenes para que se ajusten a determinadas normas, cuando lo que en realidad deberíamos hacer es enseñarlos a pensar.

—¿Enseñarlos a pensar? —preguntó el profesor.

Era obvio que Alfonso planteaba preguntas cuya respuesta conocía de sobra. Nelly y Nicolás entendían con claridad la estrategia de su maestro. Era como si sus palabras reflejaran el sentir del auditorio, como si a través suyo el público sostuviera una conversación con el invitado, interrogándolo a fin de aclarar sus dudas.

—Así es —afirmó Noé—. Si los enseñas a pensar por sí mismos, desarrollarán su conciencia y actuarán bien, sin necesidad de órdenes o de prohibiciones.

—Al principio del programa hablaste sobre la inteligencia y señalaste que dicha facultad nos permite conocer la verdad. Cuando afirmas que debemos enseñar a los chicos a pensar por sí mismos, ¿te refieres a entrenar su inteligencia? —preguntó el maestro.

—En efecto. Una inteligencia desarrollada escucha la voz de la naturaleza y a través de ella descubre el bien, la belleza, la verdad y el valor de la unidad. Éste sería el punto de partida de toda educación de calidad. Una persona con la inteligencia desarrollada querría el bien. Entonces surge el tema de la libertad. El educador debe entrenar a la voluntad para que libremente elija el bien y lo procure. De esta manera, la inteligencia o razón —como prefiero llamarla— y la voluntad están estrechamente unidas.

—Mientras más se acerca una persona a la realidad objetiva que le señala la razón, más libre será en su actuar —completó el profesor.

—Sí, porque entonces advertirá que es conveniente seguir determinadas leyes o principios, pues es la mejor manera de vivir. No acatará normas en las que no cree, sino que vivirá en conformidad con ellas porque le causa placer hacerlo.

Ya había transcurrido más de la mitad del programa y Nelly se decía a sí misma que si no intervenía en algún momento, se arrepentiría. Todo era cuestión de acercarse al micrófono. Nicolás ya lo había hecho. ¿Cuál era el problema? Además, el tema de conversación no le era desconocido.

Nelly respiró profundo, apeló a aquellos visos de seguridad escondidos en algún lugar de su mente e hizo una señal a su maestro, indicándole que deseaba participar. Entonces dijo:

—Y esto tiene que ver con el ser dueño de uno mismo, tener criterio y saber elegir el bien por propia voluntad. Es la libertad.

—¡En efecto! —convino su maestro, sonriendo— Hace unas semanas mi alumna, en clase, se pronunciaba en contra de la libertad. Decía que tal cosa no existe. Yo le preguntaría ahora qué fue lo que la hizo cambiar de opinión.

—Supongo que no ejercité bien mi pensamiento. Ahora me doy cuenta de que estaba equivocada. Siempre tenemos alternativas de elección, aunque esto equivalga sólo a decidir qué tipo de sentimientos queremos desarrollar ante un acontecimiento determinado. Hay cosas que no podemos evitar, pero somos libres de hacer que no nos afecten.

—Amplía un poco más tu idea —invitó Noé.

—Me cuesta trabajo comunicarme con mi padre. Siento que no me entiende y muchas veces nuestras pláticas terminan en disgusto. Lo común es que yo acabe gritando y azotando las puertas...

Noé la interrumpió para darle una indicación:

—Voy a pedirte que repitas tu idea, pero como si perteneciera al pasado.

—¿Cómo sería? —preguntó Nicolás.

Noé inició la frase:

—Antes me costaba trabajo comunicarme con mi padre. Sentía que...

Nelly retomó la oración y continuó:

—Sentía que mi padre no me comprendía y lo común era que nuestras pláticas acabaran en pleito. No era nada raro verme gritando y azotando puertas. Yo lo culpaba a él. Debía quedarse callado si notaba que yo estaba de mal humor.

La joven interrumpió su discurso y comenzó a reír.

# Escuchar para ser escuchado

Noé, pausadamente y sin mostrar sorpresa alguna, preguntó:

—¿Qué ocurre?

—¡Me acaba de caer el veinte! —contestó la chica— Actúo presa de mi mal humor, sin darme cuenta de que yo tengo el control. Simplemente se trata de no ponerme de malas. Además, exijo que los otros me comprendan cuando yo no hago ningún intento por entenderlos a ellos. Y por si fuera poco, exijo que todos a mi alrededor se acomoden a mis necesidades.

—No seas tan dura contigo misma —señaló Noé—. Te pegas por todos lados.

—Eso es verdad —intervino Nicolás—. Tú sí escuchas. A mí me has ayudado mucho. Eres muy valiosa.

Nelly se sintió reconfortada y apoyada. Entonces prosiguió:

—Me gustaría mejorar.

—Eso es bueno —convino Noé.

La joven retomó la palabra:

—Me quejo de que mi padre no me entiende...

—Yo me quejaba... no me entendía... —interrumpió Nicolás.

Todos los presentes en la cabina rieron ante el comentario del muchacho, antes de que Nelly siguiera:

—Me quejaba de que mi padre no me entendía hasta que se me ocurrió hacer un experimento que voy a poner en práctica a partir de hoy.

—¿Y cuál es? —preguntó Noé.

—Voy a escucharlo. Voy a procurar entenderlo. Creo que si me esfuerzo por escucharlo, será más fácil que él me escuche a mí.

—Excelente idea —confirmó Noé—. ¿Cómo sabrá tu padre que verdaderamente lo estás escuchando?

—Lo miraré a los ojos sin interrumpir su discurso —contestó la joven.

—No es suficiente —dijo Noé.

—Imagino que usted tiene la respuesta. Al parecer se las sabe todas —intervino Nicolás.

—Háblame de tú —expresó él—. Me haces sentir como un abuelo. No te llevo tantos años, en realidad. Aunque, bueno, dicen que diez años de diferencia representan un abismo generacional. Tengo 25 años. ¿Y tú?

—Quince —contestó Nicolás.

—¿Te fijas? —dijo Noé, volteando a ver a Alfonso— Estos chavales nos ven como dinosaurios.

—Así es la vida —asintió Alfonso—. Lo mismo nos ocurrió a nosotros con nuestros padres y maestros.

El diálogo prosiguió. Ahora parecía que Nicolás fuera el entrevistado y Noé, el entrevistador.

—Si yo te dijera que el América es el mejor equipo de futbol de México, ¿tú qué me responderías?

—Que no estoy de acuerdo —contestó el joven.

—¿Por qué lo dices? —preguntó Noé.

—Porque cualquiera sabe que el mejor equipo de México lo constituyen los Pumas.

—¿Es tu equipo favorito? —cuestionó Noé.

—¡Vaya que lo es! —señaló.

—¿Procuras ir a todos los partidos en que juegan?

—Ciertamente. Si puedo evitarlo, ¡no me los pierdo! —asintió.

—¿Te gusta compartir esta afición con tus amigos?

—Claro.

—¿Te agrada hablar de los triunfos que han tenido los Pumas?

—Sí, aunque reconozco que últimamente han estado jugando bastante mal. Imagínense, ¡perdieron ante el América!

En ese momento, Nicolás se quedó en silencio. Sin darse cuenta cómo, prácticamente le dio la razón a su contrincante. ¡Qué habilidad!

—Yo quiero aprender a hacer eso. ¡Cómo lo hiciste! —exclamó.

—En realidad no tiene mayor chiste —contestó Noé—. Es una técnica sencilla y fácil de aprender. Su valor radica en tu recta intención.

—¿Qué intención? —preguntó Nelly, curiosa de probar aquella táctica con su padre.

—Debes genuinamente interesarte por lo que el otro piensa, y dar pie para que se extienda y hable más sobre ello.

—Pero, ¿por qué voy a facilitar que hable más? Va a creer que me ganó —enfatizó Nelly, insatisfecha, imaginándose derrotada frente a su padre.

—No se trata de ganar —repuso Noé—, sino de entender.

—Ahora soy yo quien no entiende —intervino Nicolás.

Noé señaló:

—La mejor manera de lograr que alguien te escuche es escuchándolo. ¿Estamos de acuerdo?

—Sí —contestaron los chicos.

—La mayoría de las personas no escucha verdaderamente a los demás —explicó Noé—. Por el contrario, mientras su interlocutor habla, buscan argumentos para atacar todo lo que el otro dice, y en la primera oportunidad los sueltan.

Los jóvenes rieron, pues se sintieron retratados en dicha descripción. Noé continuó:

—La mejor manera de lograr apertura en el otro es permitiendo que se exprese y provocando que se sienta comprendido. Si hubiera atacado a Nicolás cuando él comenzó a hablar de los Pumas, nuestra conversación jamás habría seguido el curso que tomó.

Aquellas palabras comenzaron a cobrar sentido para los jóvenes. Instantáneamente, Nicolás se vio a sí mismo viviendo aquel no tan lejano episodio escolar que le permitió descubrir la calidad humana del maestro Alfonso.

El muchacho repasó en su mente el diálogo silencioso llevado a cabo a través del pizarrón: "Odio la lógica"; "Tienes derecho a odiarla". Y entonces se percató, por primera vez, de que Noé y su profesor utilizaban estrategias bastante similares, gracias a las cuales lograban cambios de actitud en los demás. El secreto radicaba en otorgarles permiso para expresar su pensar y su sentir.

El programa estaba a punto de concluir. El maestro Alfonso ocupó los últimos minutos para repasar algunas ideas fundamentales abordadas a lo largo de la entrevista.

No era mera casualidad que su programa ocupara el primer lugar de *rating* con respecto a otros similares en contenido. Su mayor interés era que el público aprendiera conceptos y herramientas útiles que mejoraran su calidad de vida.

—Nos vemos la próxima semana —anunció Noé al despedirse.

—¿Por qué lo dices? —preguntó Alfonso, su entrevistador y gran amigo.

—Después de que tu público escuche este programa, muchos querrán saber más. Además, les surgirán muchas dudas. Yo sé lo que te digo.

# Sed de saber

Nelly buscó la primera oportunidad para probar con su padre aquella habilidad recién aprendida. Entonces surgieron los problemas. En boca de Noé sonó tan fácil y natural. ¿Por qué las dificultades? La joven se dio cuenta de que la conversación con su padre no fluía como ella lo esperaba.

A partir de su visita a la radio, el maestro Alfonso pidió a los chicos que lo llamaran por su nombre y, aunque les costó algo de trabajo, llegó el momento en que comenzaron a verlo como un amigo.

—Alfonso, algo estoy haciendo mal —le dijo un día Nelly.

—¿Qué ocurre? —preguntó.

—No me funciona la técnica de Noé —contestó.

—¿La probaste y no resultó?

—Sí —dijo la chica.

—¿Por qué crees que no funcionó? —cuestionó de nuevo Alfonso.

—Quizá no la entendí bien —respondió.

—¿Permitiste que tu padre hablara?

—Lo hice.

—¿Y luego?

—Me quedé callada. No supe qué más decir.

—Las cosas no terminan hasta que se acaban —sugirió Alfonso.

—¿Qué significa eso? —interrogó la joven.

—Apenas iniciaste un nuevo tipo de relación con tu padre. Hay muchas cosas que necesitas aprender para lograr cambios significativos. Has dado un primer gran paso —dijo Alfonso.

—No entiendo —insistió Nelly.

—La conversación con tu padre no ha concluido. Simplemente transcurrió una de sus escenas. Has vencido el reto mayor: mostraste disposición para iniciar el cambio. Esa actitud ya te pertenece.

—¿Qué actitud? —preguntó la joven.

—Te acercaste a tu padre desde una nueva perspectiva. Estás procurando escucharlo por primera vez en tu vida. La falla radica en que todavía no estás buscando comprenderlo verdaderamente, sino más bien en obtener algo a tu favor.

—¿Cómo? —cuestionó Nelly.

—Tan sencillo como eso. Más que comprenderlo a él, buscas que él te comprenda.

—¿Eso hago?

—No aceptes mis palabras sólo porque soy yo quien las dice. Obsérvate a ti misma y luego platicamos, ¿te parece?

—¿Cuándo veremos a Noé de nuevo? —preguntó la joven, cambiando de tema.

—¿Me estás queriendo decir que quieres platicar con él?

—Sí. Me encantaría —contestó la chica.

—Lo entrevistaré de nuevo esta semana —informó Alfonso.

—¿Estoy invitada?

—¿Lo que me quieres decir es que te gustaría estar presente en la entrevista?

—Sí. Vaya que quiero. Sabe mucho —afirmó la muchacha.

—¿Lo que me quieres decir es que Noé sabe cosas que te gustaría aprender? —interrogó Alfonso.

Nelly sonrió y expresó:

—Sí. Eso quiero decir y, también, que pareces perico. ¿Por qué antepones a todo lo que dices "lo que me quieres decir es…"?

—Estoy jugando —contestó Alfonso—, a la vez enseñándote una nueva habilidad. Es como un truco.

—¿Un truco? —preguntó ella con curiosidad.

—Inténtalo. Se trata de obtener tres respuestas afirmativas en tu interlocutor.

—¿Y eso para qué sirve?

—Para que aprendas a escuchar y logres que la otra persona se sienta comprendida.

—Pero así no hablamos normalmente —repuso la joven.

—Tienes razón. Es un juego que tiene un propósito: enseñarte una técnica. Una vez que la hayas aprendido, no necesitarás utilizar la frase "lo que tú me quieres decir es..."

—¿Y cuál es el secreto? —interrogó la chica.

—Se trata de reflejar. Es como un espejo. Tú captas la idea del otro y se la devuelves para que él se sienta escuchado y comprendido, no criticado.

—Ya veo —entendió y agregó:

—¿Crees que funcione con mi padre?

—¿Que funcione para qué? —preguntó Alfonso.

Nelly sonrió porque se sintió nuevamente pillada. No había en ella un genuino interés por comprender a su padre, sino más bien que él la entendiera.

—Contigo nunca puedo ganar —confesó la joven.

—No se trata de ganar... —informó Alfonso.

—Sino de entender —completó ella.

—Así es —asintió él.

—Entiendo que tengo mucho que aprender —dijo.

—Te felicito —expresó Alfonso—. Un verdadero aprendizaje forzosamente provoca cambios en nuestro comportamiento. Muchas personas se aferran a lo conocido porque les da miedo cambiar o piensan que el cambio sería una manifestación de su debilidad.

—Me he dado cuenta de eso —opinó Nelly, pensando en su padre.

—No advierten que precisamente la fortaleza interior nos permite cuestionar aquello en lo que creemos. Sólo así podemos avanzar y salir de la ignorancia.

—El conocimiento nos abre los ojos —señaló Nelly.

—Así es —convino Alfonso.

—Y nos libera —completó la joven.

—¿De qué nos libera? —preguntó él.

La chica se rió, pues en el fondo sabía que Alfonso conocía la respuesta. Era como si la pusiera a prueba. Entonces contestó:

—Nos libera de la ignorancia.

—Nuestro pensamiento manifiesta parte de la verdad —señaló Alfonso—, pero nuestra visión es puramente parcial. Necesitamos de los demás para lograr la verdad completa. La humildad nos permite madurar.

—¿La humildad? —interrogó la joven.

—Cuando uno es capaz de poner en tela de juicio aquello en lo que cree, da paso a una nueva y superior sabiduría. Muchas equivocaciones se evitarían si estuviéramos dispuestos a escuchar a los demás y a aprender de ellos —explicó Alfonso.

—Durante toda la vida seguimos aprendiendo —dijo Nelly.

—Así es —adujo Alfonso. Las personas aprenden unas de otras y se van conformando a sí mismas a través de sus relaciones con los demás.

—Por eso es importante buscar amistades que nos ayuden a mejorar —comentó la chica.

Alfonso señaló:

—La vida nos ofrece múltiples oportunidades para ser mejores personas.

—Dicen que el maestro llega cuando el discípulo está preparado —dijo Nelly, repitiendo palabras que escuchó alguna vez, no sabía dónde ni cuándo.

—Yo más bien diría que el maestro está cerca todo el tiempo, pero hace falta preparación para advertir que ahí ha estado siempre.

—Eso puedo entenderlo. Si no hubiera estado preparada, no te habría descubierto. Tú has sido para mí un gran maestro —manifestó Nelly—. Gracias al cielo que te encontré.

—Tus padres también han sido tus maestros —repuso Alfonso.

—Tengo mis dudas al respecto —confesó sin altanería, más bien con tristeza.

—¿Sientes que te han quedado chicos? —preguntó.

—En efecto —respondió la joven.

—Te entiendo —dijo Alfonso— y no te juzgo. Además, agradezco tu confianza, pues me has manifestado tus pensamientos más profundos.

Entre ambos se hizo un gran silencio que para nada resultó incómodo. Nelly sostenía un diálogo interior consigo misma y Alfonso respetaba aquellos momentos de honda reflexión. La chica estaba absorta en sus pensamientos.

Al cabo de unos segundos, algo surgió en su mente adolescente: una idea acompañada de un intenso dolor o ¿sería gratitud? Una lágrima se dejó ver, brillando entre sus pestañas.

—Algo bueno habrán hecho tus padres dado que eres una gran persona —expresó Alfonso.

Aquellas palabras conmovieron aún más a la muchacha, quien irrumpió en un auténtico llanto que pronto terminó en risas, al verse desesperada buscando inútilmente un pañuelo para limpiarse.

Gracias a Alfonso, la chica pudo advertir lo mucho que debía a sus padres. Ellos le permitieron llegar a donde estaba. La acompañaron una parte del camino. Ahora le correspondía a ella emprender su propia búsqueda. Más y más personas se agregarían en el camino. Dependía de ella qué tomar y qué dejar, con qué quedarse y qué desechar. Ella era dueña de su destino.

# Una vida nueva

Un nuevo capítulo comenzó en las vidas de Nelly y Nicolás. A medida que transcurrieron los días se sintieron más y más alejados de su grupo de amigos. Era como si de pronto hubieran perdido interés por ajustarse a las normas y expectativas de sus compañeros y desearan trazar su propio camino, uno en el cual las antiguas relaciones cedieron su lugar a otras nuevas.

Este cambio, no obstante que les agradaba, tenía sus bemoles. Algunos de sus compañeros no perdían ocasión de burlarse de ellos o intentar molestarlos de alguna forma. Y es que ahora era tan común verlos en un café en compañía de Alfonso, de Noé, incluso de Jaquelín.

—Así son las cosas —explicó Noé a Nelly y Nicolás, un día que ambos se quejaron del comportamiento de los otros chicos.

—No pedimos que sean iguales a nosotros, pero sí que cuando menos nos respeten —sugirió Nelly, y preguntó:

—¿Crees que algún día cambien?

—Algunos lo harán —contestó Noé—. Serán aquellos que estén preparados para entender. Habitualmente rechazamos lo que no entendemos.

—¿Y los demás? —interrogó Nicolás.

—Tal vez querrán seguir siendo como son, evitando crecer como personas —respondió Noé—. No les sorprenda que pronto otros sigan el mismo camino que ustedes. Lo común es que alguien dentro del grupo inicie el cambio y otros lo sigan. A ustedes les tocó ser los pioneros. La mayoría pelea por la permanencia.

—¿A qué te refieres? —preguntó Nicolás.

—Uno quisiera que las cosas agradables siguieran siempre iguales, pero eso es imposible. Todo debe continuar. Nada es permanente. Sólo el cambio. Quienes se niegan a cambiar continuarán poseyendo comportamientos propios de los niños o de los adolescentes. Nunca madurarán.

Jaquelín, quien estaba presente en aquella ocasión, comentó:

—He sabido que el instinto lleva a algunos animales a forzar a sus crías a abandonar el nido, a dar el siguiente paso.

—Así es —asintió Alfonso—. Justamente esto ocurre entre una madre osa y sus cachorros.

—¿Qué pasa con los osos? —preguntó Nicolás, lleno de curiosidad.

Alfonso permitió a su novia proseguir con la explicación, dado que fue ella quien trajo el tema a colación.

—Llegados a cierta edad, aun cuando los pequeños osos querrían seguir al lado de su madre, ella los azuza para que se vayan.

—Es el ciclo de la vida —completó Noé—. Así es como debe ser. De otra suerte, los cachorros permanecerían en dependencia de la madre, sin aprender a valerse por sí mismos, incapaces de defenderse de los enemigos y procurarse su propio alimento.

—Manteniéndose como niños —exclamó Nicolás.

—¿Y cómo saber que uno está realmente mejorando? —preguntó Nelly— A veces siento que doy un paso hacia delante y dos para atrás, igual que los cangrejos.

—Eso es normal —explicó Noé—. Lo conocido nos proporciona seguridad. Lo nuevo, aun cuando sea mejor, nos hace perder el equilibrio. Pero esto ocurre sólo en un breve lapso. Cada vez vamos obteniendo nuevos equilibrios en niveles superiores. Así es como maduramos.

—¿Y cómo se comporta una persona madura? —interrogó Nelly, deseosa de evaluarse a sí misma.

—Hay varios indicadores —contestó Noé—. En primer lugar, mencionaría el grado de conciencia de sí mismo.

—¿Te refieres al hecho de conocerte y estar abierto a aceptar tus aciertos y tus errores? —preguntó la joven, contenta de confirmar que ya había dado un paso en ese punto.

—Justamente —contestó Alfonso—. Aunque debemos tener cuidado. En ocasiones creemos conocernos bien y en realidad nos autoengañamos.

—Imagino a qué te refieres —intervino Nelly—. A veces siento la tentación de querer pensar que todo lo bueno procede de mí y que los demás actúan mal.

—Esto ocurre porque nos negamos a reconocer que, a la par de nuestras buenas acciones, a veces realizamos actos que obedecen a razones un tanto mezquinas —señaló Noé.

—Es como descubrir en nosotros una parte oscura que nos desagrada —manifestó Jaquelín.

—Y lo peor de todo es que desconocer dicha zona evita que la enmendemos —completó Alfonso.

Presenciar aquel discurso era como deleitarse ante una danza de palabras. Noé, Jaquelín y Alfonso tomaban turnos para intervenir en distintos momentos, haciendo gala de una sintonía perfecta.

—¿Y aparte de la autoconciencia, qué otro rasgo encontramos en una persona madura? —preguntó Nelly, inquieta por investigar más acerca de su propia madurez.

—Yo diría que el grado de objetividad que tenemos para percibir la realidad —contestó Noé.

—Esto es difícil de medir —repuso Jaquelín—. ¿Cómo saber que mi percepción de las cosas se ajusta a la verdad?

—Por supuesto que es difícil. Hay técnicas que nos ayudan a ampliar nuestro ángulo de percepción —explicó Noé.

—¿Qué tipo de técnicas? —interrogó Nelly.

—Una, por ejemplo, es comparando tus percepciones con las de aquellos que juzgas más desarrollados que tú —mencionó Alfonso.

—Sí que está complicado —asintió Nicolás, quien preguntó:

—¿Cómo saber quién está más desarrollado que uno?

—Fijándote en sus acciones —contestó Nelly—. Eso es obvio.

—Esto nos lleva a los siguientes indicadores de madurez —dijo Noé—. Fíjate cuáles son los medios que utilizan las personas para lograr sus metas. Una persona madura tiene claras sus metas, pero, además, para llegar a ellas jamás buscará dañar a otras personas.

—¿Qué ocurre si no tenemos claras nuestras metas? —cuestionó Nicolás.

—Que podrías perderte en el camino —respondió Alfonso.

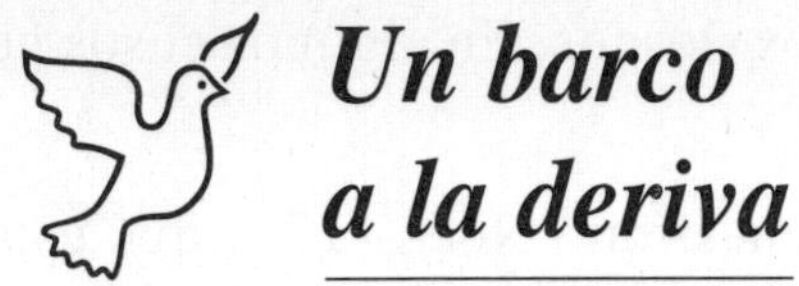

# Un barco a la deriva

Noé explicó este punto con una metáfora:

—Imagina que fueras marino y llevaras el control del timón de un barco. ¿Qué harías para llegar a tu destino?

—Debería conocer el punto hacia el cual me dirijo —contestó Nicolás.

—¿Y si el punto fuera tan distante que escapara de tu vista? —preguntó Noé.

—Me ayudaría con un mapa y una brújula, por supuesto —respondió el muchacho.

—¿Qué pasaría si, de pronto, descuidadamente giraras el timón unos grados hacia la derecha o la izquierda?

—¡Diablos! ¡No! —exclamó Nicolás.

—No, ¿qué? —interrogó Noé.

—Un desvío de unos cuantos grados en el timón se convertirían en varios kilómetros en el destino.

—¿Y qué costo tendría este desvío? —preguntó Noé.

—Depende de los riesgos. En algunos casos podría costarte la vida.

—¡Ah!, ¿sí? —cuestionó Noé— ¿Por qué estás tan seguro de ello?

—Imagina que pensabas llegar a tierra firme a una hora determinada y que por tu error no lo logras. ¿Qué ocurriría si te sorprendiera una tormenta y no estuvieras preparado para hacerle frente? Tu vida estaría en peligro.

—¡Ya veo! —refirió Noé.

—¿Qué ves? —preguntó el muchacho.

—Lo mismo pasa con nuestra vida. Si no tenemos claras nuestras metas, puede sorprendernos la tormenta —contestó Noé.

—¿Cuál tormenta? —cuestionó Nicolás— En la vida no encontraremos ese tipo de tormentas.

Nelly intervino:

—¡Ay, Nicolás! ¡Si serás...! Noé trata de explicarnos este punto mediante un ejemplo.

—¿Cómo lo entiendes tú? —interrogó Noé a la chica.

—Una mala influencia sería el equivalente a la tormenta —respondió—. Si nos encuentra desprevenidos, ¡zas! Puede llevarnos a la ruina.

—Así es —asintió Noé—. Tener claras tus metas es fundamental en tu vida como también lo es guiarte mediante valores que den rectitud a tus fines. Tus valores constituyen los medios que utilizas para alcanzarlos. Una persona madura se guía con valores que fomentan la vida, la unión, la paz, el amor fraternal.

—¿Y qué más? —preguntó Nelly, ávida de conocer los puntos siguientes.

—Una persona madura muestra tolerancia a la frustración —señaló Noé.

—¿Tolerancia a la frustración? —repitió Nelly, consciente de que en ese punto estaba bastante falla.

—Así es —dijo Alfonso—. Hay cosas que no podemos cambiar por nuestra propia voluntad.

—De hecho, multitud de cosas escapan de nuestro control —recalcó Jaquelín—. Vivir sin que este hecho nos afecte requiere de tolerancia a la frustración.

—¿Y no equivaldría eso al conformismo? —cuestionó Nelly.

—¿Lo considerarías conformismo? —interrogó Noé.

—Estaría tentada a decir que sí. Aunque pensándolo dos veces, me doy cuenta de que es un principio de realidad. Hay cosas que no podemos cambiar y aceptarlo requiere sabiduría.

—En efecto —convino Alfonso.

—¿Hay otros indicadores? —preguntó Nicolás.

—Con ésos tenemos suficiente —contestó Noé, quien planteó a los presentes la siguiente pregunta:

—¿Y qué calificación nos corresponde después de hacer una revisión personal?

—¡Híjole! —exclamó Nicolás— Creo que uno jamás deja de conocerse a sí mismo. Pienso que cada día descubrimos algo nuevo sobre nuestra persona, sobre nuestras metas, sobre el mundo, sobre los demás... Algunos de estos descubrimientos podrán agradarnos y llenarnos de orgullo, pero otros, imagino, nos harán sentir mal con nosotros mismos.

—En ocasiones torcemos nuestro juicio para evitar reprobar nuestro comportamiento —mencionó Noé.

—¿Cómo ocurre? —preguntó Nelly.

—Es como anestesiar nuestra conciencia —explicó Alfonso.

—Una conciencia obnubilada no es apta para señalarte el camino correcto —manifestó Noé.

—¡Y abre las puertas al libertinaje! —completó Alfonso.

—¡Por eso hacemos mal uso de nuestra libertad! —expresó Nelly—, porque no pensamos con claridad.

—Entonces generamos conceptos equivocados —indicó Jaquelín.

—Cada vez lo entiendo mejor —intervino Nelly—. El conocimiento implica responsabilidad. Tenemos que responder por nuestros actos. Mientras mayor es el conocimiento, más responsabilidad adquirimos.

—Algunos viven evitando la responsabilidad —señaló Noé.

—Así jamás alcanzarán la madurez —comentó Nelly.

—En efecto —convino Noé—. Y comportarse así es cómodo, en apariencia, pero en realidad tiene un alto costo.

—¿Cuál es su costo? —preguntó Nicolás.

—Que jamás lograrán la auténtica felicidad —contestó Noé.

—¿Y en qué consiste la felicidad? —preguntaron ambos chicos a un tiempo.

—La felicidad se logra cuando manejas adecuadamente tu libertad. Libertad y responsabilidad van de la mano. Entonces, si no eres responsable, no eres feliz.

—¡Ha hablado un filósofo! —exclamó orgullosamente Jaquelín.

—Casi casi le faltó decir: "He dicho, punto" —manifestó Nelly.

—Digámoslo entonces —convino Alfonso.

Los chicos rieron, divertidos.

# La paz interior

Noé intervino:

—Hay algo que olvidamos mencionar.

—¿Qué es? —preguntó Alfonso.

—No hemos hablado del perdón —apuntó Noé.

—¿Qué con el perdón? —cuestionó Nicolás.

—Creo que un aspecto que nos impide avanzar es vivir atados a nuestros errores —señaló Noé—. A menudo culpamos a los demás por juzgarnos indignos, cuando en realidad nuestro más severo juez somos nosotros mismos.

—¿Por qué lo dices? —preguntó Nelly— Antes nos dijiste que uno tiende a autoengañarse y pensar que es mejor de lo que en realidad es.

—Ante los demás solemos aparentar que estamos contentos con lo que somos, pero a menudo ocurre que en la intimidad nos avergonzamos de nosotros mismos. Esto constituye un verdadero tormento.

—¿Cómo lo sabes? —interrogó Nicolás.

—Por mi experiencia clínica. Por mi trabajo en el consultorio —respondió.

Nicolás confesó:

—Jamás creí que tendría un psicólogo como amigo. Pensar que apenas hace unos meses les tenía pavor.

—¿Por qué? —preguntó Noé con una cálida sonrisa.

—Temía que viéndome a los ojos conocieran todo mi interior —contestó Nicolás, sonrojándose.

—¡Ay, tú! —dijo Nelly— ¡Y como tienes tanto que esconder!

Noé, pacientemente, mencionó:

—Mis maestros me enseñaron que los individuos no diferimos gran cosa unos de otros. No creas que eres tan original, Nicolás. Y esto lo he comprobado en mi trabajo con pacientes. Nuestra función es ayudar a las personas a madurar ampliando su nivel de conciencia para que se conozcan mejor, aclaren sus metas...

—Sí, sí, y todo lo que nos acabas de explicar sobre la persona madura. ¡De manera que nos acabas de hacer una terapia, justo aquí! —repuso Nicolás, traviesamente acusador.

—Tanto como terapia no. Ése es un proceso íntimo y más complicado, en el cual el paciente hace una revisión profunda de sí mismo. Aquí lo único que hicimos fue compartir algunas ideas sobre los rasgos que conforman a una persona madura.

Nelly intervino:

—No terminaste de explicarnos cómo manejas la autocrítica con tus pacientes.

Noé respondió:

—Más que la crítica ajena, lo que verdaderamente nos daña es lo que pensamos sobre nosotros mismos. Cada individuo posee estándares con respecto a lo que es ser una buena persona. Si actúa en congruencia con ellos, se siente bien y desarrolla sentimientos de aceptación hacia sí misma. Por el contrario, cuando falla en cumplirlos, se rechaza. Nadie que se rechace a sí mismo alcanzará la felicidad.

—La felicidad es difícil de conseguir —comentó Nicolás.

—¿Por qué lo dices? —preguntó a su vez Noé.

—Me he fijado que las personas vivimos añorando lo que no tenemos y eso nos provoca infelicidad. Uno creería que al obtener aquello tan deseado lograríamos, al fin, la felicidad. Pero no ocurre así.

—¿Qué es lo que sucede entonces? —cuestionó Noé, adivinando el final de aquella idea.

—Que cuando lo tenemos, ¡nos aburre! —afirmó Nicolás.

—¡Eres un gran observador! —exclamó Noé, quien lo cuestionó:

—¿Y qué podemos hacer al respecto?

—Lo ignoro —contestó—. Supongo que es propio de nuestra naturaleza vivir siempre insatisfechos.

—¿Cómo crees? —cuestionó Nelly— Yo creo que el secreto para obtener la felicidad es sólo tomar la decisión de ser feliz y serlo a toda costa.

—¡Vaya!, ¡vaya! —respondió Jaquelín, quien, volteando a ver a su novio, manifestó:

—De tal maestro, tal alumna. No cabe duda, Nelly, has aprendido mucho de este excelente maestro.

—En algún momento todos somos maestros de todos —indicó Alfonso mirando a su novia con ternura, y agradeciendo con el gesto aquellas palabras de reconocimiento.

—Eso es verdad —convino Noé—. Yo mismo he aprendido cantidad de cosas de mis pacientes. Y qué decir lo que he aprendido de cada uno de ustedes.

Nelly retomó el discurso para insistir:

—Aún no has terminado de decir qué haces en el consultorio para que tus pacientes dejen de atormentarse con sus propias acusaciones.

—Lo que yo pido a mis pacientes es que se contemplen como creen que los percibe la persona que más los ama en la vida —contestó.

—¿Y qué pasa cuando esa persona no existe en la realidad? —preguntó Nelly.

—Eres lista, jovencita —reconoció Noé—. Lo que tú planteas es bastante común. Muchos individuos desconocen la experiencia real de ser amados. A través de la terapia, muchos experimentan, por primera vez en sus vidas, lo que es ser escuchados y aceptados.

—¿Puede haber personas que sin ser psicólogos te ofrezcan este tipo de aceptación? —señaló Nelly, pensando en el apoyo que muchas veces en el pasado recibió de Alfonso.

—¡Claro! —contestó Noé— Mientras más madura es una persona, más preparada está para ayudar a otros a crecer. Se convierte en algo parecido a un hermano mayor que va señalando el camino a los más pequeños. Y esto cualquiera puede hacerlo, aun sin ser psicólogo. La condición es que dicha persona esté realmente comprometida con su propia madurez y que trabaje en ello cada día de su vida.

—¡Eso me gusta! —manifestó Nelly, al aclarar en su mente el tipo de actividad profesional que le gustaría elegir.

Entonces Jaquelín intervino para devolver la plática al tema inconcluso:

—¿Qué haces en el consultorio cuando un paciente te dice que no conoce a nadie que lo ame en verdad?

Noé sonrió y respondió:

—Entonces le solicito que imagine cómo sería esa persona si en realidad existiera y trabajamos a partir de esa imagen.

—¿Y luego qué ocurre? —preguntó Nicolás.

—Le pido que desde dicha óptica, comience a describirse a sí mismo.

—¿Y qué pasa entonces? —interrogó Nelly.

—Que descubre cualidades que antes no reconocía en su persona —contestó.

—¿Y? —cuestionó Nicolás con impaciencia.

—Empieza a comprender muchas cosas y esa comprensión lo lleva al perdón —respondió Noé.

—Comprender es perdonar —manifestó Alfonso.

Noé continuó:

—Después de hacer este ejercicio, los pacientes son capaces de perdonar a otros que han formado parte de sus historias y que los dañaron de distintas maneras. Pero también, y lo más importante, es que comienzan a perdonarse a sí mismos.

—¿Y qué pasa después? —preguntó Nelly a su vez.

—Sólo entonces se conceden el permiso de cambiar para bien —señaló.

—¿Es eso verdad? —cuestionó Nelly, mirando a Alfonso.

—¿Lo dudas? —la interrogó Noé.

—Es que suena curioso. Jamás se me habría ocurrido pensar que uno tuviera que perdonarse a sí mismo para cambiar y ser mejor —repuso la chica.

—Pues más vale que lo creas —contestó Noé, quien agregó:

—No tienes idea del alcance que tiene este tipo de perdón. Además, es condición fundamental para lograr la paz interior.

—Yo encuentro la paz interior cuando descubro un sentido en todo lo que me ocurre —expresó Jaquelín—. Incluso experiencias aparentemente desafortunadas se convierten así en oportunidades de crecimiento. Esto me remite a un poema que mi

abuelo solía recitar. Sé que tenía que ver con la gratitud a la vida. En realidad he olvidado la mayor parte de su contenido, aunque recuerdo muy bien su final. Terminaba así: "Vida, nada me debes; vida, estamos en paz".

—Alcanzar pensamientos de esta magnitud es poco común. Lo habitual es que nos quejemos de la vida que nos ha tocado en suerte vivir —manifestó Alfonso.

—¿Quién estaría verdaderamente dispuesto a reconocer y a agradecer a la vida cada una de las experiencias que le ha puesto delante? —preguntó Noé.

Todos los presentes guardaron un respetuoso silencio.

Entonces Alfonso sugirió:

—¿Por qué no lo hacemos ahora?

Aquella pequeña reunión dio paso a una genuina experiencia de crecimiento personal. Muchas cosas fueron dichas. Muchas otras quedaron sin ser pronunciadas. Hubo, sin embargo, algo que los cinco coincidieron en mencionar y aun cuando utilizaron distintas palabras para expresarlo, el contenido se pareció al siguiente:

"Agradezco a la vida mi pasado, pues reconozco que sin él no sería quien ahora soy. Y me doy cuenta de que sólo tengo el presente para ser feliz, para descubrir la verdad y para vivir en auténtica libertad".

# COLECCIÓN FAMILIA

# COLECCIONES

Belleza
Negocios
Superación personal
Salud
Familia
Literatura infantil
Literatura juvenil
Ciencia para niños
Con los pelos de punta
Pequeños valientes
¡Que la fuerza te acompañe!
Juegos y acertijos
Manualidades
Cultural
Medicina alternativa
Clásicos para niños
Computación
Didáctica
New Age
Esoterismo
Historia para niños
Humorismo
Interés general
Compendios de bolsillo
Cocina
Inspiracional
Ajedrez
Pokémon
B. Traven
Disney pasatiempos
Mad Science
Abracadabra
Biografías para niños
Clásicos juveniles

*Cómo educar a sus hijos para la libertad*
**Tipografía:** *Melina Sandra Bautista Juárez*
**Negativos de portada:** *Scaner Graphics*
**Negativos de interiores:** *Fotolito Daceos*
**Impresión de portada:** *Editores Impresores Fernández S.A. de C.V.*
**Esta edición se imprimió en septiembre de 2003,**
**en** *Editores Impresores Fernández S.A. de C.V. Retorno 7-D Sur 20*
*No. 23 México, D.F. 08500*

## SU OPINIÓN CUENTA

Nombre ...........................................................................................

Dirección ........................................................................................

Calle y número ................................................................................

Teléfono ..........................................................................................

Correo electrónico ...........................................................................

Colonia ................................................ Delegación ........................

C.P ............................... Ciudad/Municipio ....................................

Estado .................................... País ................................................

Ocupación .................................... Edad ........................................

Lugar de compra .............................................................................

## Temas de interés:

| | | |
|---|---|---|
| ☐ *Negocios* | ☐ *Familia* | ☐ *Ciencia para niños* |
| ☐ *Superación personal* | ☐ *Psicología infantil* | ☐ *Didáctica* |
| ☐ *Motivación* | ☐ *Pareja* | ☐ *Juegos y acertijos* |
| ☐ *New Age* | ☐ *Cocina* | ☐ *Manualidades* |
| ☐ *Esoterismo* | ☐ *Literatura infantil* | ☐ *Humorismo* |
| ☐ *Salud* | ☐ *Literatura juvenil* | ☐ *Interés general* |
| ☐ *Belleza* | ☐ *Cuento* | ☐ *Otros* |
| | ☐ *Novela* | |

## ¿Cómo se enteró de la existencia del libro?

☐ *Punto de venta*
☐ *Recomendación*
☐ *Periódico*
☐ *Revista*
☐ *Radio*
☐ *Televisión*

Otros .............................................................................................

Sugerencias ....................................................................................

**Cómo educar a sus hijos para la libertad**